Monika Wittmann
Gefühlte Augenblicke

Monika Wittmann, 1962 in Erlangen geboren, liebt ihre fränkische Heimat.
In ihrer Jugend schrieb sie Theaterstücke, Phantasieaufsätze und zahlreiche Kurzgeschichten. Später folgten Anspiele und Gedichte. Die Autorin arbeitet als Sekretärin, ist Bibliodramaleiterin und Vorstand im Verein KuWiKo-DIE BERUFSWERKSTATT e.V.

Monika Wittmann

Gefühlte Augenblicke

ein Gedichtband mit Geschichten
für das Leben

Re Di Roma-Verlag

Bibliografische Information der Deutschen
Nationalbibliothek:
Die Deutsche Nationalbibliothek verzeichnet diese
Publikation in der Deutschen Nationalbibliografie;
detaillierte bibliografische Daten sind im Internet über
http://dnb.ddb.de abrufbar.

Mit dem Kauf dieses Buches unterstützen Sie mit
einem Euro den gemeinnützigen Verein **KuWiKo – DIE
BERUFS-WERKSTATT e.V.** Der Verein unterstützt
Schüler/-innen und Arbeitssuchende
beim Start ins Berufsleben.
www.kuwiko.de

ISBN 978-3-86870-195-1
Copyright (2010) Re Di Roma-Verlag
Alle Rechte beim Autor
www.rediroma-verlag.de
8,95 Euro (D)

Inhaltsverzeichnis

Zum Schmunzeln 11
   Vorsorge (Zum Vortragen gedacht!) 11
   Augenblicke 12
   Die Geige 14
   Die typische Hausfrau 15
   Galaktischer Genuss 16
   Die Wund-er-bare 17
   Strauß Günter 18
   Schweinchenphilosophie 19
   Das Alter 21
   Gute Gewohnheiten 22
   Die Insel 24
   Die Geschichte der Insel 25
   Pubertät 1 27
   Pubertät 2 (Verschärfte Version) 28
   Emerituswahn 30
   Hektik macht dumm? 31
   Die Offenbarung 32
   Gefahrenbegrenzung 33
   Mir Franggen 34
   Wie zwei Pralinen 36

Schönheit der Natur 37
   Die Herbstgenießerin 37
   Abendritual der Sonne 39

Nachdenkliches 40
   Verschlossen 40
   Ehe-los 42
   „Führerschein" für die Ehe 43

Gottvertrauen	46
Gut versorgt	47
Vergeben	48
Behütet	49
Gefühlstragödie in zwei Akten	50
Wo gehe ich hin?	51
Ich frage nach dem Sinn	52
Was bleibt?	53
Protestsong zur Weihnachtsfeier	55
Weihnachtswahrheit	58
Trügerisches Glück	59
Es ist …	60
Schutzlos	61
Die Waffe	62
Wie man ein Elfchen schreibt!	63
Glaube	64
Emanze?	65
Seelenliebe	66
Dankbarkeit	67
Zwerge	68
Liebe	**69**
Der Kuss	69
Heute brauch´ ich …	70
Es lebe die Liebe!	71
Das Foto	72
Der Ring	74
Beziehungsgrundlage	75
Gartenglück	76
Melancholie	77
Herr der Mützen	78
Mein Sohn	80

Freundschaft 82
  Sie spielt Klavier 82
  Das Teehaus 84
  Ein Schatz 86
  Karamellisierte Lippen 88
  Letzte Worte 89

Zum Schmunzeln

Vorsorge (Zum Vortragen gedacht!)

Es kommen Zweifel, mich verlässt der Mut,
sind meine Gedichte auch wirklich gut?

Mag sie der Hörer –
oder wirft er nach mir mit dem Briefbeschwerer?
Hört er sich alle Gedichte an oder vielleicht nur vier –
und verwendet den Rest als Klopapier?

So bringen meine Horrorgedanken –
meine Dichtkunst ins Wanken!

Doch wie ich so vor euch steh',
kommt mir die rettende Idee!

Ums eins bitte ich euch primär –
achtet die Kunst, doch den Künstler noch mehr!
So bitte ich alle Kunstmiesmacher *JETZT* raus
und die anderen spenden dem Künstler Applaus!

Augenblicke

Sternenhimmel malen
Mundzucken registrieren
Ameisen fotografieren
in der Sonne aalen

Rosenkohl verspeisen
nach Kleintrödelheim reisen
Nutellabrote essen
Orangensaft auspressen

Brotkrümel verstreu´n für Spatzen
sich genussvoll am Kopf kratzen
Maulwurfshügel inspizieren
im Liegestuhl regenerieren

Die Geige

Ihr kann man ganz genüsslich frönen -
oder Reißaus nehmen von ihren Tönen.

Rein ihr wohlgeformter Körper klingt,
dass mancher mit den Tränen ringt.

Der Bogen zittert, die Finger im Spagat,
erklingen in unvergleichlich schöner Art
musikalische Ergüsse von Bach und Mozart –
so fließend weich wie seidiger Brokat.

Die Seele nährt sich still und leise
durch diese wundersame Weise.
Wird Glücksgefühle in ihr wecken,
oder dunkle Täler dort entdecken.

Du wirst sie lieben oder hassen,
nur unberührt wird sie dich nicht lassen.

Doch ob die Seele die Schönheit erkennt,
liegt auch ein wenig am Talent!

Die typische Hausfrau

Ach, wäre das schön,
würden alle die typische Hausfrau so sehn!
Sie hätte dann diesen Druck nicht mehr
und ihr Leben wäre nur halb so schwer.

Es duftet gar nicht nach Kuchenbacken
oder anderen leckeren Essenssachen,
denn die typische Hausfrau, die du heut siehst -
liegt auf dem Sofa und liest.

Das Bad ist wieder nicht geputzt,
sogar die Badematte ist verrutscht.
Die Fenster sind dreckig, die Wäsche verstreut,
nie hat es die tüchtige Hausfrau gereut.

Da holt sie die Kinder aus dem Schrank,
entfernt vom Mund das Klebeband.
Schickt sie in die Schule und den Hort
und geht selber etwas fort.

Sie sitzt auf der Bank, in der Hand ihren Stift
und schreibt gekonnt mit zierlicher Schrift,
ihre Gedanken auf Papier –
und das um halb vier.

Abends kaufen die Kinder ein,
sonst dürfen sie nicht ins Haus hinein.
Nach dem Essen bringt der Mann die Kinder ins Bett.
Für die typische Hausfrau war der Tag so ganz nett.

Galaktischer Genuss

Ich zapfe die **Milchstraße** an,
rühre Karamellcreme und Schokostücke
vom **Mars** unter,
erhitze alles
mit den Strahlen der **Sonne**
und koche dir
einen leckeren Schokocremepudding.

Den kühle ich
mit frischem **Jupiter**wind
und streue Zimtsternenstaub
der **Venus** darüber.

Dann schnappe ich mir
ein goldenes Tablett vom **Saturn**
und serviere dir
den galaktischen Genuss auf **Erden**.

Lachend probierst du
und schenkst mir
einen Zimtsternenstaubkuss.

Die Wund-er-bare

      Der Mann ein Wunder.
        Die Frau ist wunderbar.
          Das Kind liegt wund.

      Das Wunder hat keine Ahnung.
     Die Wunderbare wickelt es.
  Wunschlos glücklich ist das Kind.

Strauß Günter

Irgendwo
in einem Zoo
gab es ein Straußengehege,
das hatte ein Wärter zur Pflege.

Zwei Straußendamen
mit hübschen Namen
schauten Günter an,
und wussten dann:
Das ist der neue Mann.
Ein großer, stolzer Straußenhahn.

Nur der Wärter wurde rot.
Was für eine Not!
Denn in diesem Straußengehege
kam immer Tierarzt Günter zur Pflege.

Doch schlägt es dem Fass den Boden aus:
Mit Nachnamen hieß der selbige Strauß!

Für Strauß Günter musste ein neuer Name her,
denn für Günter Strauß wäre das wirklich nicht fair.

Sonst stünde auf dem Schilde groß und breit –
und das wäre nicht besonders g´scheit:

„Vorsicht! Strauß Günter ist in der Brunftzeit!"

Schweinchenphilosophie

Fünf kleine Schweinchen
spielen fröhlich im Schmutz.
Mama Sau liegt daneben
und bietet ihnen Schutz.

Sie suhlen sich, quieken,
hüpfen glücklich umher,
und nehmen nicht,
wie ich, das Leben so schwer.

Quält sie Hunger oder Durst,
zapfen sie ihre Mama an, -
ich muss Nahrung kaufen
und bin mit Kochen dran.

Und sind sie müde,
kuscheln sie sich zusammen.
Ich muss erst die Bettwäsche
aus dem Schrank herauskramen.

Ach, wäre ich doch auch
so ein kleines Schweinchen,
liefe sorglos umher
auf meinen kurzen Beinchen!

Doch, o weh,
es kam die Zeit ins Land,
da hab´ ich plötzlich
mit Schrecken erkannt –

ihr Leben besteht nicht lange
aus Spielen, Hunger und Durst,
heut´ liegen sie auf der Theke
beim Metzger als Wurst.

So bin ich doch froh,
dass ich bin keine Sau,
sondern eine lebende,
erwachsene Frau.

Das Alter

Ab einem gewissen Alter,
betätigt sich im Kopf ein Schalter.
Der Spiegel zeigt´s, ich stöhne laut,
überall nur schlaffe Haut.
Auf der Stirn eine tiefe Falte –
„Hilfe, Gott, ich bin eine Alte!"

Mein Spiegel grinst mich dämlich an,
der hat wohl seine Freude dran!
So werfe ich kurzerhand im ganzen Haus
alle meine Spiegel raus.

Nur im Bad kann ich mich doch nicht trennen –
werde morgen dem Herrn meine Eitelkeit bekennen!

Wie im Zwang, schon halb im Wahn,
schleich ich mich an den Spiegel ran.
Kann nicht mehr schlafen, nicht mehr ruh´n –
„Hilfe, Gott, was soll ich tun?"

Stelle fest, der Mensch beschwerlich denkt,
während der Herr souverän alles lenkt.
Am nächsten Tag verändert sich meine Lage,
da war ich erlöst von meiner Plage.

Danke Gott für deine segensreiche Tat,
ich selbst wusste mir keinen Rat.
Denn in der Nacht, oh welch ein Wunder –
fiel der Badezimmerspiegel runter.

Gute Gewohnheiten

An diesem schönen Ort mach ich mich breit.
Einen Augenblick die Zeit anhalten,
den mürben Alltag auszuschalten.
Mein Herz füllt sich mit Heiterkeit.

Ich tue es täglich ohne Reu:
Schmökere in Büchern zum Entspannen,
bis ein süßer Traum trägt mich von dannen,
bleib ich meiner Gewohnheit treu.

Manch einer kann es nicht verstehen.
Sieht nur die Zeit sinnlos vergehen.
Doch liegt es sich so wollig mollig.

Ich habe es ohne ausprobiert.
Die Müdigkeit hat mich kuriert.
Drum halt ich wieder brav – meinen Mittagsschlaf.

(Sonett)

Die Insel

Ich liebe diese kleine Insel.
Deine – Meine!

Ich allein darf sie spüren,
alle Erhebungen berühren.
Schreite sie mit Fingern ab,
rutsche, stöhne, fall herab.

Dieses Spiel gefällt dir gut –
tust so, als bekommst du Wut.
Sagst, du wirst es mir nun geben.
Schreist: Jetzt kannst du was erleben!

Setzt dich auf mich hältst mich fest,
dass gibt mir dann doch den Rest.
Ziehst auch noch den Bauch fest ein,
willst wohl dadurch schöner sein.

Ich kann das Lachen kaum noch halten,
lass dich genüsslich tun und walten.
Küsst vom Kopf mich bis zum Bauch,
ich lache, grunze, stöhne auch.

Ach wie lieb ich dich du Tropf -
deine Insel auf dem Kopf.

Die Geschichte der Insel

Es war Freitagmorgen und ich war spät dran. Schnell nahm ich noch einen Schluck Tee, stürzte mich regelrecht in meinen Mantel und erhaschte im Vorbeigehen einen kurzen Blick in den Spiegel. Mein bleiches Gesicht sprang mir entgegen. Zu spät für etwas Rouge und Lippenstift schoss, es mir durch den Kopf, während ich hastig meinen Rucksack über die Schultern warf.
Farbe im Gesicht bekam ich dann, während ich zum Bus rannte. Vor dem Bus hatte sich zum Glück eine kleine Schlange gebildet. Eine ältere Dame zahlte gerade ihre Fahrkarte mit 10-Cent-Stücken und hatte mir dadurch Zeit verschafft. Ich kramte meinen Fahrausweis tief unten aus meinem Rucksack und hielt ihn dem Fahrer unter die Nase. Als ich aufblickte, sah ich in das interessante Gesicht eines neuen Busfahrers. „Hm, nicht schlecht", dachte ich. Etwa so groß wie ich, schlank, dunkle braune Augen, halblanges dunkles, leicht lockiges Haar, und ein äußerst sympathisches Lächeln fiel mir auf. So setzte ich mich im Bus weit nach vorne, um ihn ein wenig genauer betrachten zu können. Als er den letzten Fahrgast, der noch später dran war als ich, abgefertigt hatte, schaute er nach vorne und fuhr los. Sofort fiel mir etwas auf, das mich zum Schmunzeln brachte. Er hatte seine Haare lose zu einem Zopf nach hinten gebunden. Doch anscheinend nicht besonderes ordentlich. Denn am Hinterkopf, ziemlich genau in der Mitte, befand sich, nur durch ein paar einzelne Strähnchen verdeckt, eine tennisballgroße haarlose runde Stelle.

„Süß", dachte ich," wie eine kleine Insel".
Sofort nahm ich Papier und Stift aus meinen Rucksack und begann zu dichten. Wenn ich einen guten Einfall habe, muss ich diesen immer sofort festhalten. Erstens geht er mir sowieso nicht aus dem Kopf und zweitens vergesse ich sonst meine gereimten Verse wieder. Die Überschrift stand schon fest: „Die Insel."
Ich wollte nicht gleich am Anfang verraten, um was für eine Insel es sich handelte. Deswegen versuchte ich die Insel so zu beschreiben, als wäre sie tatsächlich eine kleine Insel irgendwo im Meer, die dir und mir gehört. Dann lies ich den Leser an einem kleinen lustigen Beziehungsspiel teilhaben und erst zum Schluss verriet ich, welche Insel ich meinte. Hier zählten dann nackte Tatsachen. Nämlich die tennisballgroße haarlose Stelle an seinem Hinterkopf. Dann schilderte ich, wie ich ihm gestand, wie sehr ich ihn liebe gerade auch mit seiner haarlosen kleinen Insel.

Pubertät 1

Es knackt und zischt, ein Kabel brennt,
ein anderes in die Irre rennt.
Hat eins dann richtig angedockt,
wird woanders ein Kabel ausgeloggt.

Ist ein Kabel dann auf rechter Fahrt,
reißt sicherlich irgendwo anders ein Draht.
Wie soll man da vernünftig denken?
Den blöden Eltern Zuhören schenken.

Ständig bildet sich eine weitere Synapse,
wie in einer wüsten Seelenklapse.

Man kann es menschlich nicht ermessen,
was sie in dieser Zeit so essen.
Manchmal scheint es so, als sind sie wieder vier,
kommen nachts nach Hause nach zu viel Bier.

So geht es munter lustig weiter,
hoffentlich werden sie bald gescheiter.
Nein, dieser Zustand ist keine Rarität -
ihr kennt ihn alle - die Pubertät.

Pubertät 2 (Verschärfte Version)

Es knackt und zischt, ein Kabel brennt,
ein anderes in die Irre rennt.
Hat eins dann richtig angedockt,
wird woanders ein Kabel ausgeloggt.

Ist ein Kabel dann auf rechter Fahrt,
reißt sicherlich irgendwo anders ein Draht.
Wie soll man da vernünftig denken?
Lehrer oder Eltern Zuhören schenken.

Ständig bildet sich eine weitere Synapse,
wie in einer wüsten Seelenklapse.

Man kann es menschlich nicht ermessen,
was sie in dieser Zeit so essen.
Manchmal scheint es so, als sind sie wieder vier,
kommen nachts nach Hause nach zu viel Bier.

Selten sind sie bei klarem Verstand,
behaupten einfach, sie sind nicht mit dir verwandt.
Möchtest es selber gerne glauben,
wenn sie dir wieder die letzten Nerven rauben.

Es fehlt massiv an der nötigen Reife,
dafür haben alle eine Wasserpfeife.
Du bist nicht begeistert, findest es auch nicht tolle,
das der Alkohol spielt eine so wichtige Rolle.

Plötzlich klingelt das Telefon nachts um halb drei,
am anderen Ende ist die Polizei.

Du kannst dein Kind von der Wache abholen,
es hat besoffen ein Mofa gestohlen.
Ist dann irgendwie ins Freibad eingestiegen,
die Polizei fand es betrunken im Babybecken liegen.

Patschnass die Klamotten,
dein Kind zittert und schwört,
das es nie, nie wieder Mofa fährt.

Der Schock sitzt tief, die Nacht ist vorbei,
du leidest unter Schlafmangel,
auch gestern war es schon halb drei.

Doch es gibt immer Hoffnung auch in der Pubertät,
gerade wenn man oft aneinander gerät.
So lässt du endlich los und wirst auch verstehen,
warum es gut ist, dass sie ihre eigenen Wege gehen.

Sind dann alle Synapsen an der richtigen Stelle dran,
fängt für alle ein besseres Leben an.

Emerituswahn

Kennt ihr den Emerituswahn,
der schleicht sich gern von hinten an.
Weder Dornen noch Gestrüpp
halten ihn vor der Universität zurück.

Mit einem Fuße schon fast im Grab,
hält er noch fest am Führungsstab.
Im Institut ein rotes Tuch,
weil er sich seine Opfer sucht.

Die werden beschäftigt und mit Arbeit belegt
bis er sich in die Kiste legt.
Und bitte, bitte sagt es nicht weiter:
Er ist immer noch der heimliche Leiter.

Hektik macht dumm?

In Eile, erhitzt, mit roten Ohren,
hat sie sich der Hektik mal wieder verschworen.
Sie rast durch das Amt, ganz auf die Schnelle
sucht sie die Kfz-Zulassungsstelle.

Sie hat die Papiere, den Ausweis und Geld,
nur noch das dämliche Nummernschild fehlt.
Ein Autokennzeichen nach ihrer Wahl,
ist ihr ja so was von egal.

Hätte sie sich doch eines auswählen wollen,
oder einfach besser hinschauen sollen.
Das olle Nummernschild bloß schnell in die Tüte
zu Haus stöhnt sie vor Schreck:„Oh, meine Güte!"

Die Stimme wird laut und ein wenig piepsig:
Ihr Autokennzeichen lautet: ERH – IQ- 70!

Die Offenbarung

Wie in Trance schleicht hin die Zeit,
endlich, endlich ist es so weit!

Ich eile verzückt dir entgegen,
graziös meinen Körper bewegend.

Du bis so herrlich anzuschauen,
doch leider finden das auch andere Frauen.

Und dennoch gibst **du** mir allein so viel,
ein unheimlich wohliges sattes Gefühl.

Schenkst mir unendliche Freude,
sind wir beisammen. –
Heute, ja heute,
verrat ich deinen Namen.

Denn **du** machst alle Entbehrungen wett,
mein heißgeliebtes italienisches Büfett.

Gefahrenbegrenzung

Lebensgefährte
kommt von Lebensgefahr.
Lebensabschnittsgefährten
grenzen die Gefahr ein.

Mir Franggen

Mir Franggen tun uns äfters schwär,
Wir Franken tun uns öfter schwer,
sprech´n net a "e", sonder mehr a "är".
sprechen kein "e", sondern mehr ein "är".
Aus unnera Krohn brech´mer uns a kan Zack´n,
Aus unserer Krohne brechen wir uns auch keinen Zacken,
wem mär fürn Urlaub unra Koffer back´n (200°)!
wenn wir für den Urlaub unsere Koffer backen (200°)!

Zum Geburdsdoch gibt´s a scheena Dorden,
Zum Geburtstag gibt es eine schöne Torte,
des findst halt nur in fränggischen Orden.
das findest du nur in fränkischen Orten.
Odder kennst du vielleicht a anners Ördchen,
Oder kennst du vielleicht ein anderes Örtchen,
wus sechs "a" gibt in an Wördchen?
wo es sechs "a" gibt in einem Wörtchen?
Nimm fei dei Finger und zähl nooch –
Nimm unbedingt deine Finger und zähle nach –
a Marmaladenamala is, welch bleda Froch!
ein Marmeladeneimerlein ist es, welch eine blöde Frage!

Des bast scho, is des höchste Lob des Franggen,
Das ist in Ordnung, ist das höchste Lob des Franken,
do konst fei auf die Knie geh und dafür dangen.
da musst du auf die Knie gehen und dafür danken.
Bei uns dud a des Schiff net sinken,
Bei uns versinken die Schiffe nicht,
sondern es singd und wir erdringen.
sondern es singt ein Lied und wir ertrinken.

A mit den "t" und "k" do hammers net,
Auch mit den "t" und "k" da kennen wir uns nicht aus,
des is scho manchmol a weng a Gfrät.
das ist schon manchmal ein echtes Problem.
Fränggisch und Soggn schreib mär mit zwa "gg",
Fränkisch und Socken schreiben wir mit zwei "gg",
des spricht sii holt einfach a so schee.
das spricht sich auch einfach so wunderschön.

So ham mer statz an "k" mehr "g",
So haben wir mehr den Buchstaben "g" als " k",
a weiches und a hartes "b",
ein weiches und ein hartes "b",
sowie a harts und weiches "d".
sowie ein hartes und weich ausgesprochenes "d".
Is una Sproch net einfach schee?
Ist unsere Sprache nicht einfach wunderschön?

Uns glabt´s mers:
Und glaubt es mir:
"Mir sen für die Rechtschreibung a ned zu bleed,
"Wir sind für die Rechtschreibung nicht zu blöd,
mir ham nur annara Buchstoben im Alphabed!"
wir haben nur andere Buchstaben im Alphabet!"

Wie zwei Pralinen

Du und ich, schön anzuschaun,
wie leckere Pralinen, zwei tolle Frau´n!

Die eine leicht fruchtig, eine aromatische Variation;
die andere sommerfrisch und würzig im Ton.

Beide etwas Besonderes:
fantasievoll, harmonisch, schmelzend und zart
oder temperamentvoll wie Kaffeegeschmack,
nach italienischer Art.

Die fruchtig Zarte
mit Orangenstückchen lustig verziert,
die Temperamentvolle
mit Schokostreuseln sinnlich garniert.

So komme ich zu dem einzig möglichen Schluss:
Einzeln oder zusammen ein Wahnsinns Genuss,
wie leckere Pralinen, zwei tolle Frau´n,
gehaltvoll, einzigartig, schön anzuschaun!

Schönheit der Natur

Die Herbstgenießerin

Wie ein bunter Fächer entfaltet sich vor mir
der Herbst.
Honiggelbe Blätter vergolden meinen Weg.

Kastanien sprengen ihre Schale, drängen ins Leben.
Meine Sammelleidenschaft beginnt.
Mit dicken Büchern presse ich Blätter.
Auf meiner Fensterbank vermehren sich lustige
Kastaniengiraffen.

Ich koche Hagebuttenmarmelade und versüße mir
das baldige Dunkeln,
die nebelschwangere Zeit.
Letzte Sonnenstrahlen fingern sich durchs
blühende Laub.
Ich atme die erdige Luft.

Wie ich weiße Astern und rotglühende Dahlien liebe,
kontrastreich versprühen sie ihre Farben,
mitten in mein Herz.

Über Nacht gefrieren die ersten Rosen
und schenken mir einen Hauch Melancholie.
Ich freue mich an ihrer Schönheit
und genieße dankbar den Herbst.

Abendritual der Sonne

Blutrotdunkel
die Sonne niedersinkt.
Im blaugrün tiefen Wasser
sie sich erfrischt, nicht ertränkt.

Sie lacht noch einmal vor Entzücken,
Freund Abendwind kitzelt ihr den Rücken.

Immer wieder hat sie Spaß,
in ihrem grenzenlos kühlen Nass.

Spielend begrüßen sie Wellen,
säuseln ein Schlaflied ihr zu.

Im Meer bettet sie ihr
strahlendes Leuchten
und begibt sich
zur Ruh.

Nachdenkliches

Verschlossen

Du gleichst einer Festung –
kraftvoll und stark!

Als Königin führst du ein eisernes Zepter.
Klaglos verrichten deine Untergebenen die Arbeit.
Nur manchmal darf ein Ritter die Burg verlassen,
um sich als edel und tapfer zu erweisen.

Das Burgfräulein ist zum Schutz
im Turm eingesperrt.
Abends weint sie leise.
Der Wächter am Tor ist müde.
Er öffnet spaltbreit das Tor.

Zu schnell kommt der Fremde angeritten.
Furchtsam schließt er wieder das Tor.
Der Fremde findet keinen Einlass.

Er steht außen!
        Alleine!
      Einsam!
     Wie Du
        und leise
              weint das Burgfräulein.

Ehe-los

Ehe du dich versiehst,
hast du einen Ehemann.

Ehe du bis drei zählst,
hast du den größten Ehekrach.

Ehe du zur Vernunft kommst,
stehst du vorm Ehegericht.

Ehe du dich besinnst,
bist du die Ehe-los.

Darum rat ich dir:
„Ehe du dich für die Ehe traust,
mach' einen Ehevorbereitungskurs!"

„Führerschein" für die Ehe

Ich bin ein „Fan" von Seminaren. Seminare finde ich spannend. Ich lerne gerne andere Menschen kennen. Außerdem bekomme ich in Seminaren oft neue Impulse für mein Leben. Für mich bedeutet Leben, sich entwickeln. Das ist nicht immer einfach, aber es lohnt sich, weil ich dadurch eine bessere Beziehung zu mir und zu anderen haben kann.

Als ich das erste Mal hörte, dass es ein Seminar „Führerschein für die Ehe" gibt, bin ich gleich neugierig geworden. Muss ich dort, tatsächlich wie beim Führerschein, eine Prüfung ablegen um als ehetauglich zu gelten? - Bei meinen Nachforschungen stellte ich fest, dass dies nicht der Fall war. Hier geht es um ganz andere Dinge! Die meisten angebotenen Seminare haben fünf Schwerpunkte im Blick.
Hierbei handelt es sich um die **richtige Kommunikation**, die **Bedeutung von Verbindlichkeit**, das **Lösen von Konflikten**, die **Liebe lebendig halten** und **gemeinsame Ziele und Werte** zu entdecken.

Eine spannende Sache also. Ich persönlich würde jedem Paar das Heiraten will, raten, an einem Ehevorbereitungskurs („Führerschein für die Ehe") teilzunehmen. Viele Ängste und Bedenken können dabei im Vorfeld ausgeräumt werden. Gemeinsam Ziele zu entdecken steigert die Vorfreude auf ein Leben zu zweit.

Es ist ein Geschenk wenn man erkennen kann, dass eine Ehe etwas Einmaliges ist, an welcher immer wieder gebaut werden muss, um ein qualitativ hohes Maß an Glück, Erfüllung Zufriedenheit und Einheit zu erlangen. Doch ich finde, in eine Beziehung zu investieren ist es allemal wert. Denn ehe du dich versiehst, bis du die Ehe los (siehe vorheriges Gedicht). Wie viel Leid und Schmerz daraus folgen, weiß ich selbst gut.

Teilnehmer eines Ehevorbereitungskurses fassten ihre Erfahrungen im Sinne von „Verkehrsregeln" folgendermaßen zusammen: Verkehrsregeln für eine gute Ehe:

Vorausschauend leben,
Gefahrenquellen frühzeitig erkennen,
vom Tempo her angepasst fahren,
rechts vor links achten,
nicht mit angezogener Handbremse fahren,
ab und zu einmal den Gang rausnehmen
oder auf einem Parkplatz anhalten,
regelmäßige Wartung und Pflege.

Wenn Sie Ihren Kindern oder Freunden etwas Wertvolles mit in die Ehe geben wollen, machen sie Ihre Lieben auf einen Ehevorbereitungskurs aufmerksam oder verschenken Sie einen. Lustig verpackt mit einem Spielzeugauto verschenken Sie zur Verlobung ein Seminar zum „Ablegen des Eheführerscheins."

Brauchen Sie ein Geschenk zur Hochzeit, verschenken Sie einen Ehekurs für frisch Verheiratete. Es gibt Ehevorbereitungskurse, Ehekurse für jung Verheiratete bis hin zur Goldenen Hochzeit. Ist das nicht toll? Ich wünsche allen eine glückliche und zufriedene Beziehung!

Gottvertrauen

Manchmal bin ich klein,
hilflos und schwach,
nicht mehr als Schein
liege Nächte wach.

Manchmal mach ich alles allein,
bin ich mutig ganz arg,
fühl mich kräftig und stark.

Manchmal kann ich mich nicht leiden
möchte ich nicht ich sein -
möchte ich mich meiden.

Manchmal ist so groß die Not,
kann ich nicht glauben -
wünsch mir den Tod.

Manchmal will ich dir singen
ein Leben lang,
dir mein Herz bringen,
dich preisen mit Lobgesang.

Mein Herzenswunsch:
Immer möchte ich auf dich bauen,
schenk mir mehr Gottvertrauen!

Gut versorgt

Zurzeit mein Ego etwas leidet,
bin momentan mehr blank als pleite.

Hätte so gern gute Walkingschuh,
dann gäb´ mein Fersensporn endlich Ruh.
Doch gute Schuh, wie ungeheuer,
sind leider einfach viel zu teuer.

Also keine Schuhe, ich find mich damit ab,
steig auf Wunsch in den Keller hinab.
Kram meine Wanderschuhe heraus
und leih sie einer Freundin aus.

Ein paar Wochen später komm ich aus der Ruh,
Fahr in den Urlaub und brauch selbst die Wanderschuh´.

Borg mir Wanderschuhe von meiner Schwester aus,
dabei stellt sich dann heraus,
dass sie neue Walkingschuhe hat,
die ihr zu groß sind, „Oh, wie schad!"

„Kannst sie haben", spricht sie laut,
da hab ich ganz schön blöd geschaut.

So geb´ ich Gottes Weisheit Ehr,
denn gibst du Dinge gerne her,
hat er, was du brauchst, längst parat
und gibt es dir auf seine Art.

Vergeben

Ein Flüstern: „Vergib!"
Nein, Niemals!
Es tut so weh.
Er hat es nicht verdient.
Ich kann nicht.
Ich will nicht.
Der Schmerz erdrückt,
mein verwundetes Herz.

Herr, wie hast du es geschafft,
zu vergeben denen, die dich gekreuzigt haben,
die an dir schuldig wurden?

O Jesus!
Meine Schuld hast du getragen –
und die Schuld des anderen.
Hilf mir zu vergeben!

Ich will es!
Du schenkst es!
Der Schmerz lässt nach,
mein Herz wird heil.

Behütet

Ein Hut ist ein Schutz,
darum behüte dich.
Er bedeckt Kopflast und Kahlschlag,
er behütet dich.
Doch sei auf der Hut vor dem falschen Hut -
denn: die Seele behütet nur Gott!

Gefühlstragödie in zwei Akten

1. Akt: Die Wut

Lang kannte ich sie nicht,
hab sie in mir nie zu spüren bekommen,
war mir so fremd wie mein wahres Gesicht,
wurde mir früh schon genommen.

Wie mit sieben Deckeln zugedeckt,
hab ich sie ganz nach unten gedrückt,
war für mich nicht mehr findbar,
hat mich bei anderen zu Tode erschreckt,
ich war als Kind so verwundbar.

2. Akt: Die Angst

Trat an ihre Stelle, ein anderes Gefühl,
hat mich fest an sich gebunden,
beherrschte mein Leben viel zu viel,
meine Seele war tief geschunden.

Wie ein Alptraum bei Tag und Nacht,
gefangen in unerträglichem Leid,
war mein Leben nur noch Plag,
unendlich trostlos die Zeit.

Wo gehe ich hin?

Jung an Jahren,
zehn genau,
fragte ich nach Gott,
ganz als Kind,
noch nicht Frau.

Habe erfahren, wie
Jesus mich liebt,
Hoffnung und Lösung
für den Tod mir gibt.

Ich weiß, wenn ich sterbe:
Dann geh´ ich dahin!
Für immer und ewig
bei **Jesus** ich bin.

Ich frage nach dem Sinn

Ich frage nach dem Sinn.
Wer ich bin?
Ich sehne mich so sehr,
nach mehr, mehr, mehr!

Mein Herz verlangt nach einem Mann,
mit dem ich mein Leben teilen kann!
Vater, warum reicht mir deine Liebe nicht?
Vater, warum suche ich den Sinn,
wenn ich doch in dir bin?
Bin ich undankbar,
ist mir der Sinn nicht klar?
Ich weiß, dass du mich liebst
und mir so viel Gutes gibst.
Ich brauche dich, deine Nähe, dein Führen und Tun,
sonst kann ich nicht in mir selber ruh´n.

Du kennst meine Sehnsucht, mein Lieben und Bangen,
all mein Verlangen.
dir leg ich es hin,
du weißt, wer ich bin!

Was bleibt?

Was bleibt?
dein Haus, dein Auto, dein Geld?
Was bleibt?

Was bleibt?
Deine Kinder gehen eigene Wege!
Was bleibt?

Was bleibt?
Freunde ziehen weg, deine Partnerschaft zerbricht?
Was bleibt?

Was bleibt?
Deine Eltern sind alt und sterben!
Was bleibt?

Was bleibt?
Du wirst arbeitslos,
Existenzängste beherrschen dich!
Was bleibt?

Was bleibt?
Wenn du alt bist,
auf deine Fehler siehst?
Was bleibt?

Was bleibt?
Wenn du im Sterben liegst?
Wenn du tot bist?
Was bleibt?

Was bleibt?
Wenn du zu Staub wirst?
Wirst du auferstehen?
Was bleibt?

Was bleibt?
Wirst du Jesus sehn?
Dann musst du jetzt mit ihm gehen!
Das bleibt!!!

Protestsong zur Weihnachtsfeier

Ich war gerade 18 Jahre, voller Ideale und mit einer sensiblen Wahrnehmung ausgestattet. Da Wasser meine Leidenschaft war, trat ich einem Schwimmverein bei. Die Leute waren alle sehr nett und das Schwimmtraining war klasse. Ich lernte verschiedene Schwimmarten, tauchen und sogar das Rettungsschwimmen. Ich konnte gar nicht genug davon bekommen. Nach dem Training schwamm ich mit einem Freund noch tausend Meter. Das Schwimmen machte mir richtig Spaß. Tja, es wäre auch zu schön gewesen, wenn es da nicht ein Problem gegeben hätte, das mir schwer zu schaffen machte. So toll das Training war und so nett auch die Leute waren, hatten diese doch eine Leidenschaft, die ich nicht teilte.
Nach jedem Training wurde nämlich erst einmal ordentlich gesoffen. Da blieb es nicht bei einem Bier. Ich fragte mich oft, wie man es überhaupt schaffte sieben oder acht Bier in sich hineinzukippen. Die arme Blase, dachte ich, oder sollte mir mehr die Leber Leid tun? Als einzig Nüchterne ist es auch nicht wirklich lustig, lallenden Gesprächen zu folgen und jeden Augenblick damit rechnen zu müssen, dass dir jemand auf die Füße kotzt. Zu besonderen Festen, vor allem im Sommer, war diese Gefahr besonders groß. Als ich das Thema "saufen" ansprach, wurde dies sofort heruntergespielt und ich wurde neckend zum Mittrinken aufgefordert. Gegen eine Wand reden, hätte denselben Effekt gehabt. Also keinen. So blieb ich nach dem Training nie lange. Irgendwie konnte ich es einfach nicht verstehen. Jugendliche und

Männer trainierten zuerst ihren Körper um sich fit zu halten, und anschließend soffen sie sich kampfunfähig. Ich war unglücklich. Diese beiden Extreme konnte ich nicht begreifen. Wie kann man nur so unvernünftig sein? Leider hatte niemand sonst ein Problem damit und ich konnte mich mit keinem Menschen verbünden. Dann kam der Winter, es wurde weniger gefeiert, und die Sauferei ließ ein wenig nach. Mein Unbehagen blieb.

Eines Tages kam unser Trainer und fragte uns, ob jemand zur kommenden Weihnachtsfeier etwas beisteuern wolle. Und ob ihr es glaubt oder nicht, wurden Lebkuchen und dazu eimerweise Glühwein angeboten. Zehn Kästen Pils und acht Kästen Weißbier steuerte der Verein aus der Vereinskasse bei. Ich war entsetzt. Um was ging es hier eigentlich? Ums Feiern oder ums Komasaufen? Machte sich irgendjemand außer mir vielleicht Gedanken, warum wir überhaupt eine Weihnachtsfeier machten? Was bedeutet es Advent und Weihnachten zu feiern? Ich begann mich vor der Weihnachtsfeier zu grausen. Sollte ich überhaupt hingehen? Ich hatte keine Lust. Den Höhepunkt sollte dann der Weihnachtsmann mit seinen Geschenken bilden. Doch das machte die Sache für mich nicht besser. Ich war frustriert und enttäuscht. Das kann doch einfach nicht sein. Langsam stieg Wut in mir hoch. Nein, so wollte ich nicht feiern. An Weihnachten ist Jesus geboren. Im Advent warten wir auf die Geburt des Heilandes, des Sohn Gottes. Er ist das eigentliche Geschenk. So begann ich ein Gedicht darüber zu schreiben, meinen Beitrag zur Weihnachtsfeier. Vertont kommt es bestimmt noch besser rüber, dachte ich, und schrieb schnell ein paar Gitarrengriffe dazu. Fertig war mein Protestsong: "Weihnachtswahrheit". Ich sang ihn auch tatsächlich auf der Weihnachtsfeier und es wurde sogar geklatscht. Gesoffen wurde trotzdem, aber ich war froh, meinen Mund aufgemacht zu haben. Ich hatte mich vor allen zu meinem Glauben und zu Jesus bekannt. Mir war wichtig, die Bedeutung von Weihnachten wieder in den Mittelpunkt zu stellen und zu erklären, warum wir es feiern.

Den Schwimmverein habe ich im darauf folgenden Sommer verlassen. Sinnlose Saufereien kann ich bis heute nicht ausstehen. Ebenso ergeben für mich Weihnachtsfeiern, bei denen die Freude über Jesus Geburt nicht vorkommt, keinen Sinn.

Weihnachtswahrheit

Hunger, Not und Leid
trüben keineswegs unsere Freud!
Wir, die wir uns in Wohlstand laben,
denken keineswegs an einen kleinen Knaben,
sonder oft nur an die Gaben.

Von der Wahrheit weit entrückt,
sind wir von den Geschenken meist mehr entzückt!

O, du schöne Weihnachtszeit,
dein Sinnbild ist tief eingeschneit
und es wird höchste Zeit,
dass die Menschen wieder tauen
und sich die Wahrheit sagen trauen:

„Jesus Christus ist geboren,
für uns Menschen auserkoren!"

(Weihnachten 1980)

Trügerisches Glück

Ich suchte das Glück zu E(e)rlangen.

Konnte es nicht fangen.

Ich stöberte in einer Bar,

doch das Glück machte sich rar.

Bis endlich früh um fünf die Englein sangen.

Es ist ...

unverdient
überreich vorhanden
Kreuzestod und Auferstehung
Jesus trägt meine Schuld
Gnade

Schutzlos

Ohnmächtig

zerbrechen leise

stumm schreiende Kinderseelen

ohne Wahl ertragen sie

Gewalt

Die Waffe

Beißend

gezielt geschossen

gespickt mit Neid

trifft immer, verletzt mich

Spott

Wie man ein Elfchen schreibt!

Das Elfchen besteht aus elf Wörtern, die in festgelegter Folge auf fünf Zeilen verteilt werden. Für jede Zeile wird eine Anforderung, die je nach didaktischer Vorgabe variiert werden kann, formuliert:

Erste Zeile: **Ein Wort**
(Ein Gedanke, Gegenstand, Eigenschaft oder Farbe)

Zweite Zeile: **Zwei Wörter**
(Was macht das Wort oder der Gegenstand aus Zeile 1)

Dritte Zeile: **Drei Wörter**
(Wo oder wie ist das Wort aus Zeile 1, was tut die Person)

Vierte Zeile: **Vier Wörter**
(Was meinst du? Etwas über sich selbst schreiben)

Fünfte Zeile: **Ein Wort**
(Fazit - was kommt dabei heraus, Abschluss)

Elfchen schreiben macht Spaß! Versuchen Sie es einmal! Es ist nicht schwer!

Hier ein Beispiel:

....	(weißblau)
....	(strahlender Himmel)
....	(dicke Tropfen fallen)
....	(ich lache und renne)
....	(Platzregen)

Glaube

Vertrauen

in Jesus

Brot des Lebens

Du stillst meinen Hunger

Freude

Emanze?

Emanze?
Bekommt Sie eine Chance?
Hilfe, Alice! Emma kämpft gegen Vorurteile!

Emanze?
Wo steht sie beruflich im Glanze?
Hilfe, Alice! Emma bekommt weniger Geld!

Emanze?
Wo bleibt die Romanze?
Hilfe, Alice! Emma wird verkannt!

Emanze?
Wo bleibt ihr Einsatz der Ganze?
Hilfe, Alice! Emma ist müde!

Gleichberechtigung!
Es gibt noch viel zu tun?

Hilfe, Alice! Emma bleibt stehen!
Hilfe, Alice! Wer ist gleich und wer berechtigt?
Hilfe, Alice! Es kommt noch schwarzer!

Alle sind gleich, nur Männer sind gleicher!

Seelenliebe

Wenn ich mein Seelenfenster öffne
und du mir liebevoll ins Herz schaust,
spreche ich voll Vertrau´n:

„Du bist meine Mama und mein Papa.
Du kennst mich ganz genau;
das kleine Kind, die erwachsene Frau.
Deine Hände schützen und stärken uns.

Du lässt mich nicht im Stich.
Du bist unsagbar, ehrlich, gut.
Du bestätigst mich, gibst mir Lebensmut.

Danke, Vater, dass du der bist,
der meine Seele liebt.
Der sie verbindet, tröstet
und ihr immer wieder Freude gibt."

Dankbarkeit

Dankbarkeit reicht bis in die Ewigkeit
ist aber im Hier und Jetzt bar zu entrichten.

Zwerge

Kitschig
Ziemlich spießig
stehen überall herum
gar nicht mein Geschmack
Gartenzwerge

Liebe

Der Kuss

Ich küsse deinen Rosenmund
und es ist als ob

Blütenblätter sich sanft öffnen,
Tautropfen mein Kinn streicheln,
die Sonne heller strahlt
und meine Seele deiner gewahr wird.

Heute brauch´ ich …

Heute brauch´ ich eine Mama,
die mich zärtlich an ihren Busen drückt.
Die mir sagt: „Du bist einmalig!
Mein Kind, ich hab Dich ja so lieb!"

Heute brauch´ ich eine Mama,
einen festen Ruhepool.
Eine Mama, die laut singt
und mich auch zum Lachen bringt.
Ja, das wäre richtig cool.

Heute brauch´ ich eine Mama,
die sich freut mich anzuseh´n,
dich mich glücklich anlacht
und mir mein Lieblingsessen macht.

Heute brauch´ ich eine Mama,
die allerliebste von der Welt,
die meine kleine Seele sanft
in ihren Händen hält.
Die es spürt und macht mir Mut,
die mir sagt: „Es wird wieder gut!"

Heute brauch´ ich eine Mama,
die mich in ihrem Bett schlafen lässt,
die mich zudeckt bis zum Kinn,
die nicht frägt und mich trägt,
denn sie weiß, dass ich Morgen
wieder erwachsen bin.

Es lebe die Liebe!

Du bist so schön, fantastisch anzuschau´n.
Alle Blicke folgen dir, wenn deine Hüften wippen.
Dein Engelsgesicht begeistert mit den roten Lippen.
Du Traum aller Männer, du Neid aller Frau´n.

Atemberaubende Schönheit, du reizvolles Wesen.
Ich lerne dich kennen, schüttele dir die Hand.
Wunderschön bist du, doch furchtbar arrogant.
Ich bin äußerlich leider nie so schön gewesen.

Entscheidet die Schönheit, wen wir lieben?
Oder werden wir geleitet von unseren Trieben?
Weißt du es? Bist du gefeit davor?

Nein, die Liebe entscheidet, wen wir schön finden!
Unser Herz zeigt uns an, an wen wir uns binden!
So lebe die Liebe, denn sie macht schön!

(Sonett)

Das Foto

Lustige grüne Sternenaugen
Gluckserbse
Lachboje
Ein Mundgesicht
Mein Bluthochdruckkind,
mein Frohmachfloh
Seelenblicke bewahren und festhalten
Ein Knopfdruck,
ein Blitz
Sternenaugen fluten mein Herz

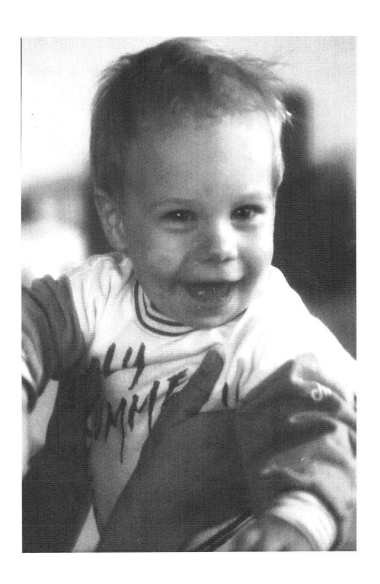

Der Ring

Wir fuhren im Zug zusammen, ich blickte ihn an.
Irgendwie war er anders der Mann.
Wir unterhielten uns schon eine Weile,
der Zug, so schien es, hatte keine Eile.

Ich mochte ihn sofort und lausche seinem Wort.
Er erzählte mir aus seinen Leben.
Ich spürte, er wollte mir etwas geben.

Es sprach zärtlich von seiner verstorbenen Frau
und zeigte mir seinen Ring, an dem er sehr hing.
Eingraviert den Namen seiner Frau,
ein Kreuz und den seinen, es berührte mich,
fast fing ich an zu weinen.

„Wissen Sie, das Kreuz hielt uns zusammen.
Wir schlossen den Ehebund in Jesu Namen.
Manchmal war es schon ein stürmischer Ritt,
nie waren wir alleine, sondern mit Jesus zu dritt.

Unsere Ehe wurde auch von außen beschossen,
doch wir erfuhren Hilfe vom Herrn,
mit dem wir den Bund geschlossen.
Durch ihn durften wir die Liebe ganz tief erleben.
So will ich Jesus Christus immer wieder erheben.
Durch ihn bin ich mit meiner Frau ewig verbunden,
er heilt meine Wunden."

In mir wächst der Wunsch, so eine Ehe zu führen
und in meinem Ring ein Kreuz einzugravieren.

Beziehungsgrundlage

Fest

manchmal ringend

eine freiwillige Entscheidung

vertrauensvoll, liebesfördernd, nie umsonst

Treue

Gartenglück

Einmal möcht´ ich Flieder pflanzen,
dunkellila, hell und weiß.
Eng umschlungen mit dir tanzen.
Bei der Gartenarbeit schwitzen,
von der Sonne und vom Fleiß.

Unsere Hollywoodschaukel steht im Rasen.
Da ruht dein Kopf auf meinem Schoß.
Neben uns zwei Hasen grasen.
Eine Schlüsselblume steckt in meinem Haar.
Du lachst und ich find´s wunderbar.

Einmal möcht´ ich Flieder pflanzen,
dunkellila, hell und weiß.
Ja, die Sehnsucht in mir brennt.
Ob wir bald zusammen tanzen
und auch mein Garten deinen Namen kennt?

Melancholie

In Melancholie versunken
fröne ich der Leidenschaft
verlorener Liebe nachzutrauern,
die ich nie hatte.

Herr der Mützen

Es gibt Gesichter, die warten nur drauf,
gespannt setzt´ ich dir die Schirmmütze auf.
Mein Gott, steht dir die gut,
genauso wie dein Käppi und der Hut.

Du findest das auch,
siehst richtig cool aus.
Gehst ohne Kopfbedeckung
nicht mehr aus dem Haus.

Du mit deinen tiefbraunen Augen,
dem warmen Blick,
hast so ein vertrauensvoll offenes Gesicht.
Die Schirmmütze gibt dir den letzten Kick.
Ich liebe dich und deinen Style, mein süßer Wicht.

Herr der Mützen hab ich dich genannt,
denn für deine Mützenliebe warst Du bekannt.

Jetzt bist du erwachsen,
trägst kaum noch Mützen oder Hut,
doch der Herr der Mützen
ganz tief in meinem Herzen ruht.

Mein Sohn

Ich bin traurig,
dass du nicht mehr regelmäßig heim kommst.

Ich bin traurig,
dass ich nicht mehr dein Mittelpunkt bin,
deine erste Adresse.

Ich bin traurig,
dass eine Lebensaufgabe beendet ist
und du ohne mich deinen Weg gehst.

Wehmut erfasst mich,
dass deine Kindertage
unwiederbringlich vorbei sind.

Deine Fragen, warum das so ist, sind verstummt
und deine Kinderbacken kann ich nicht mehr küssen.

Loslassen ist schwer!
Es zeigt mir, dass mir nichts für immer gehört.

Loslassen ist schmerzlich,
es zeigt mir, dass das Leben vergänglich ist.

Loslassen bedeutet nicht mehr zuständig sein.
Menschen nicht in der Hand zu haben.

Loslassen bedeutet einen Verlust zu fühlen,
Liebgewonnenes herzugeben.

Loslassen ist ein Abschiednehmen, ein Schmerz,
der sich auch in Freude wandeln kann.

Loslassen beinhaltet immer auch einen Neubeginn.
Loslassen gehört zum Leben.

Ich darf loslassen.
Meinen Teil zu deinem Leben habe ich beigetragen.
Mein Erziehungsauftrag ist abgeschlossen, vollendet.

Es ist gut so, wie es ist!

Freundschaft

Sie spielt Klavier

Sie spielt Klavier
mit so viel Leidenschaft
es gibt ihr sehr viel Kraft.
Sie spielt Klavier.

Sie spielt Klavier
Von Schmerz und Leid
sie sich befreit
ja es ist ihre Zeit.
Sie spielt Klavier

Sie spielt Klavier
Ein Kindheitstraum
sie weiß es kaum
Sie spielt Klavier

Sie spielt Klavier
Es befreit ihr die Sicht,
gibt ihr noch mehr Gewicht
lässt Mozart aufersteh'n
Vivaldi Jahreszeiten seh'n.
Sie spielt Klavier

Sie spielt Klavier
Sie stimmt die Seele an,
hängt feine Glöckchen dran
Sie spielt Klavier.

Sie spielt Klavier
Jetzt ist sie aufgeregt,
lautlos die Finger bewegt,
denn nun ist es soweit,
ja es ist ihre Zeit
mein Herzblatt Lydia
Sie spielt Klavier

Das Teehaus

Es gibt es schon so lang
wir hängen sehr daran
am Teehaus

Earl Grey und Tropenfeuer
werden uns dort nie zu teuer
im Teehaus

Jede mit leckeren Kuchen
lässt immer die andere versuchen
im Teehaus

Psychologie und Philosophie
vergessen wir dabei nie
im Teehaus

Auf unserer Lieblingsbank
lachen wir uns oft fast krank
im Teehaus

Viel Not zu Tage gebracht
und danach fleckig gelacht
im Teehaus

Das nennt man Galgenhumor
der kam ganz oft drin vor
im Teehaus

Und sind wir alt und krank
sitzen wir auf unserer Lieblingsbank
im Teehaus

Es liegt in der Friedrichstrass´
wir haben so viel Spaß
in **unserm** Teehaus

Ein Schatz

Liebevoll
hörende Augen
ein zwinkerndes Herz
ehrlich Hände, berühren, bewahren
Freundschaft

Karamellisierte Lippen

Karamellisierte Lippen,
puderzuckerweiß verschmiert,
dunkel Augen furchtlos blicken,
sich darin das Licht verliert.

Wellig fallend, silberglänzend
Haar die roten Wagen ziert –
und ich bin nicht mehr gefangen
in der Welt, in der mich friert.

Schweigend, an deinen Lippen klebend,
hör ich Worte ohne Reu,
die die Welt erobert haben,
sorglos, stark, sich immer treu.

Und wir reden, singen, lachen,
ich hör dir so gerne zu –
und ich lerne Vertrauen zu haben,
mutig, ruhig, so wie du.

Letzte Worte

Zum Abschied für euch alle
einen hingehauchten Kuss.
Mein Hirn schaltet ab,
jetzt ist Schluss.